AF312290

COMMISSAIRES-PRISEURS DE REIMS

Catalogue

DES

FAÏENCES et PORCELAINES

CUIVRES, ÉTAINS, DENTELLES & BRODERIES

MEUBLES ANCIENS

Miniatures et Bibelots, Armes
Tableaux, Aquarelles, Pastels, Gravures, Estampes
Objets des Colonies

DONT LA VENTE AURA LIEU

À Reims, Hôtel des Ventes, 9, rue Talin

Les VENDREDI 18, SAMEDI 19 et LUNDI 21 AVRIL 1913

A 2 HEURES TRÈS PRÉCISES

·· EXPOSITION ··

PRIVÉE : Le MERCREDI 16 AVRIL | **PUBLIQUE** : Le JEUDI 17 AVRIL
de 1 h. 1/2 à 6 h. du soir

COMMISSAIRES-PRISEURS DE REIMS

Catalogue

DES

FAÏENCES et PORCELAINES

CUIVRES, ÉTAINS, DENTELLES & BRODERIES

MEUBLES ANCIENS

Miniatures et Bibelots, Armes
Tableaux, Aquarelles, Pastels, Gravures, Estampes
Objets des Colonies

DONT LA VENTE AURA LIEU

A Reims, Hôtel des Ventes, 9, rue Salin

Les VENDREDI 18, SAMEDI 19 et LUNDI 21 AVRIL 1913

A 2 HEURES TRÈS PRÉCISES

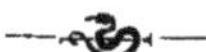

⸰⸰ EXPOSITION ⸰⸰

PRIVÉE : Le MERCREDI 16 AVRIL | *PUBLIQUE :* Le JEUDI 17 AVRIL
de 1 h. 1/2 à 6 h. du soir

Catalogue

DES

Faïences et Porcelaines

CUIVRES, ÉTAINS, DENTELLES & BRODERIES

MEUBLES ANCIENS

Miniatures et Bibelots, Armes
Tableaux, Aquarelles, Pastels, Gravures, Estampes
Objets des Colonies

DONT LA VENTE AURA LIEU

A Reims, Hôtel des Ventes, 9, rue Salin

Les VENDREDI 18, SAMEDI 19 et LUNDI 21 AVRIL 1913

A 2 HEURES TRÈS PRÉCISES

EXPOSITION

PRIVÉE : Le MERCREDI 16 AVRIL | *PUBLIQUE* : Le JEUDI 17 AVRIL
de 1 h. 1/2 à 6 h. du soir

ORDRE DES VACATIONS

<u>*VENDREDI 18 AVRIL :*</u>

FAÏENCES ET PORCELAINES.

<u>*SAMEDI 19 AVRIL :*</u>

CUIVRES ET ÉTAINS.
DENTELLES ET BRODERIES.
MEUBLES ANCIENS.
BOIS SCULPTÉS.
ARMES.
IVOIRES, ÉVENTAILS, MINIATURES ET BIBELOTS.

<u>*LUNDI 21 AVRIL :*</u>

TABLEAUX, AQUARELLES, PASTELS. DESSINS.
GRAVURES, ESTAMPES.
OBJETS DES COLONIES.

Principales Conditions de la Vente

Elle sera faite au Comptant.

L'Exposition mettant le public à même de se rendre compte de la nature et de la qualité des Objets mis en vente, il ne sera admis aucune réclamation une fois l'Adjudication prononcée.

Les Acquéreurs paieront **dix pour cent en sus** *du prix d'adjudication.*

Les Acquéreurs seront responsables des lots à eux adjugés dès l'Adjudication prononcée.

Le Commissaire-Priseur se réserve le droit de diviser ou de réunir les Lots, et au cours de chaque vacation, de changer l'ordre du Catalogue.

I. — FAÏENCES ET PORCELAINES.

1. 6 assiettes décor Rouen.

2. 3 assiettes, ancienne faïence des Islettes, décor polychrome.

3. Petite soupière, ancienne faïence des Islettes, décor polychrome.

4. Plat décoré, faïence de Sarreguemines.

5. 4 assiettes en terre de pipe.

6. 4 assiettes, ancienne faïence des Islettes, décor à la rose, à l'œillet, etc.

7. Plat et assiette en ancienne faïence blanche.

8. 2 tasses, terre de pipe, décor polychrome.

9. 4 assiettes, ancienne faïence du Nord, décor polychrome.

10. Petite soupière et son couvercle, décor polychrome.

11. 1 assiette, ancienne faïence des Islettes, décor au lapin.

12. 1 bénitier, décor polychrome.

13. 4 assiettes, ancienne faïence des Islettes, décor à la rose, à l'œillet.

14. 2 grands plats, ancienne faïence des Islettes, décor à la rose.

15. 1 soupière et son couvercle, ancienne faïence des Islettes, décor à la tulipe.

16. 4 assiettes, ancienne faïence de Strasbourg. Saint-Amand, Midi.

17. 1 saladier, ancienne faïence de Nevers, décor polychrome au chien et au lapin.

18. 1 petite soupière et son couvercle, décor jaspé.

19. 4 assiettes, ancienne faïence de l'Est, décor polychrome, fleurs et papillons.

20. 2 grands plats, ancienne faïence des Islettes, décor à la rose.

21. 1 porte-huilier, ancienne faïence des Islettes.

22. 1 grand plat, faïence anglaise et 1 autre plat, décor poly-chrome.

23. 1 flacon, porcelaine de Paris.

24. 1 petite soupière et son couvercle, décor polychrome.

25. 1 service en porcelaine de Tournay, décor bleu, composé d'un grand plat, 13 grandes assiettes, 14 assiettes à dessert, 1 saucière, 1 ravier, 4 tasses et 3 soucoupes.

26. 4 assiettes, ancienne faïence des Islettes, décor à la rose et à l'œillet.

27. 1 pichet, ancienne faïence de l'Est, décor polychrome.

28. 1 plat, ancienne faïence de Rouen, décor bleu.

29. 1 plat à barbe, décor bleu.

30. 4 tasses à thé et leurs soucoupes, faïence anglaise.

31. 1 moutardier, ancienne faïence de Varages, décor polychrome.

32. 5 assiettes, ancienne faïence des Islettes, décor au panier,
à l'œillet, à la rose.

33. 2 plats, ancienne faïence des Islettes, décor à la rose.

34. 2 petits plats, ancienne faïence de Rouen, décor bleu.

35. 1 plat, porcelaine de Chine.

36. 4 assiettes, ancienne faïence de Moustiers, des Islettes,
Strasbourg.

37. 1 assiette, ancienne faïence de Moustiers.

38. 1 bénitier, décor polychrome.

39. 1 petit saladier, ancienne faïence des Islettes.

40. 1 flacon à thé, porcelaine de Chine.

41. 1 assiette, ancienne faïence de Nevers, décor au carquois
et au corbeau.

42. 4 assiettes, ancienne faïence des Islettes, décor à la fleur.

43. 1 flacon, porcelaine de Paris.

44. 1 encrier, forme cœur, ancienne faïence de Rouen, décor
en camaïeu.

45. 1 saladier, ancienne faïence des Islettes.

46. 1 petit plat, ancienne faïence de Rouen, décor bleu et 1 assiette ancienne faïence des Islettes, décor au coq.

47. 4 assiettes, ancienne faïence des Islettes, décor à l'oiseau, à la rose, à l'œillet.

48. 2 verres anciens, décor doré.

49. 1 bénitier, décor polychrome.

50. Tasse et soucoupe, porcelaine de Dresde.

51. 4 assiettes, ancienne faïence des Islettes, décor à la rose, au panier, à la tulipe, etc.

52. 1 plat, ancienne faïence de Rouen, décor bleu.

53. Jardinière, décor Strasbourg.

54. 1 pichet, ancienne faïence des Islettes, décor polychrome.

55. 1 brûle-parfum, ancienne faïence de Nevers, décor bleu.

56. 1 plat à barbe Tournay, décor bleu.

57. 1 assiette, ancienne faïence de Nevers, décor à la corne et au corbeau.

58. 2 assiettes, décor polychrome.

59. 1 pot, ancien grès de Hollande, décor bleu.

60. Tasse et soucoupe, ancienne porcelaine de Sèvres.

61. 1 pot, faïence anglaise, décor fleurs sur fond noir.

62. 1 petite soupière et son couvercle, ancienne faïence des Islettes, décor à la fleur.

63. 1 petit sabot, ancienne faïence de Rouen, décor polychrome.

64. 2 assiettes, ancienne faïence de Nevers, décor au coq et à la fleur.

65. 1 écritoire, ancienne faïence de Sinceny, décor polychrome.

66. 3 assiettes, ancienne faïence des Islettes, décor au paon.

67. 1 assiette, terre vernissée.

68. 4 assiettes, ancienne faïence de Sinceny, Strasbourg, les Islettes.

69. 1 saladier, ancienne faïence de Nevers, décor à la fleur.

70. 1 pichet, ancienne faïence des Islettes, décor polychrome.

71. 1 bouquetière, ancienne faïence de Sinceny, décor polychrome.

72. 1 assiette, ancienne faïence de Nevers, le combat naval.

73. Aiguière « en casque », ancienne faïence de Rouen, décor à lambrequin en camaïeu bleu.

74. 2 assiettes, ancien grès de Hollande.

75. 1 bouquetière, ancienne faïence de Marseille (avec marque).

76. Service à thé, porcelaine de la Cie des Indes, avec plateau laqué.

77. Pot à tabac en ancienne faïence, avec inscription « *Tabac. 2° qualité* ».

78. Pot, ancienne faïence de Nevers, avec inscription « *A vous Louise* ».

79. Pichet avec son couvercle, ancienne faïence de Rouen, décor polychrome.

80. 2 assiettes, ancienne faïence de Nevers, fleurs et insectes au marli, au centre médaillon avec décor en terrasse.

81. 2 assiettes, ancienne faïence de Nevers, décor personnage en terrasse.

82. 1 assiette, ancienne faïence de Nevers, décor à la chèvre et au chien.

83. 1 assiette, ancienne faïence de Nevers, paysage avec maison, rivière, pont et personnage.

84. 1 assiette patronymique, ancienne faïence de Nevers.

85. 1 assiette, ancienne faïence de Nevers, avec inscription « *Ta présence me récompense de tous les tourments que je soufre en aimant* ».

86. 1 assiette, ancienne faïence de Nevers, décor fleurté polychrome.

87. 1 saladier, ancienne faïence de Nevers, décor en camaïeu avec maison et tourelle.

88. 1 assiette, ancienne faïence de Nevers, décor polychrome aux oiseaux.

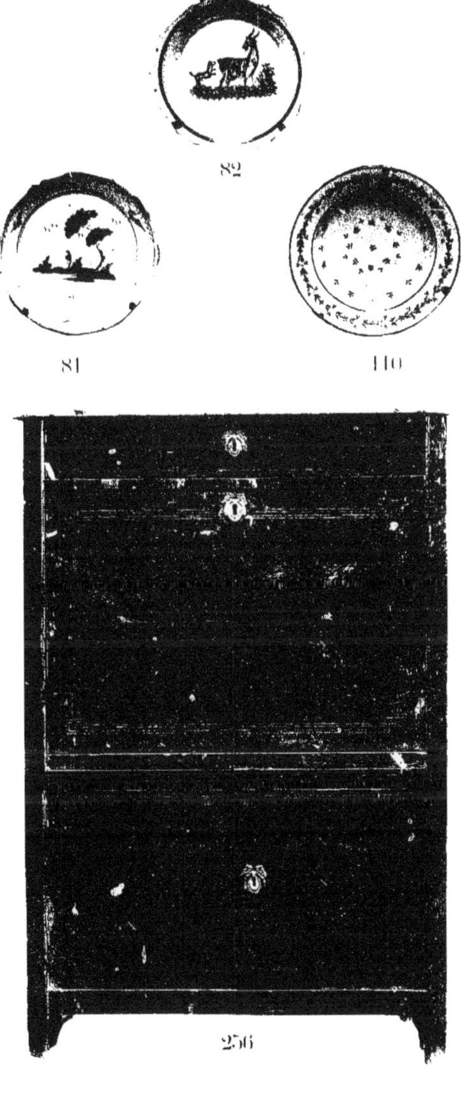

82
81
110
256

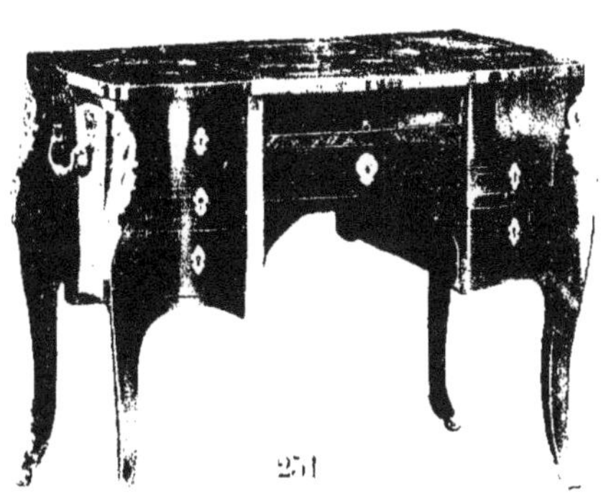

251

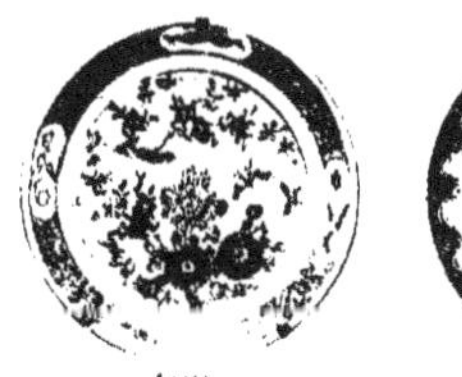

109

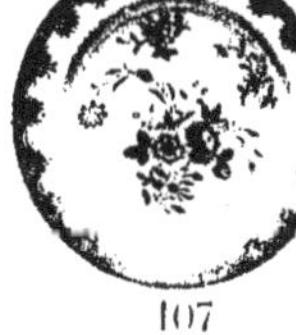

107

83

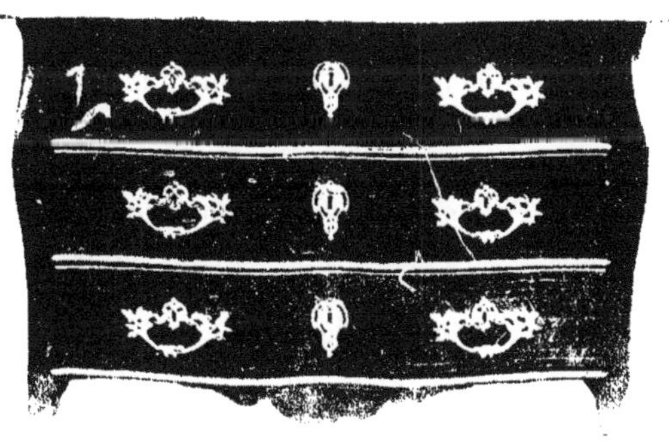

255

89. 1 assiette, ancienne faïence de Nevers, décor polychrome
     à la fabrique.

90. 1 assiette, ancienne faïence de Nevers, décor polychrome.
     « *Sainte Chaterine 1766* ».

91. Assiette patriotique, ancienne faïence de Nevers.
     Personnage en terrasse « *Vivre libre ou mourir* ».

92. Assiette patriotique, ancienne faïence de Nevers : Le
     bateau symbolisant la paix.

93. Assiette patriotique, ancienne faïence de Nevers : Les
     3 ordres et la couronne.

94. Assiette patriotique, ancienne faïence de Nevers : Coq
     sur le canon « *Je veille pour la patrie* ».

95. Assiette patriotique, ancienne faïence de Nevers : La
     Bastille « *Vivre libre ou mourir* ».

96. Assiette patriotique, ancienne faïence de Nevers : Les
     3 ordres avec 3 cœurs et la couronne.

97. Assiette patriotique, ancienne faïence de Nevers : La
     Bastille avec le canon.

98. Assiette patriotique, ancienne faïence de Nevers : La
     Noblesse et le Clergé « *Le malheur nous réunit* ».

99. 1 saladier, ancienne faïence de Sinceny, décor en camaïeu
     bleu rehaussé de rouge de fer.

100. 1 assiette, ancienne faïence de Strasbourg, décor
     polychrome (marque de Hannong).

101. 2 assiettes, ancienne faïence de Strasbourg, décor
polychrome au chinois.

102. 1 corbeille, ancienne faïence de Sinceny, décor
polychrome.

103. 1 bouquetière, ancienne faïence de Sinceny, décor bleu.

104. 1 assiette, ancienne faïence de Nevers, décor polychrome
au paon.

105. 1 saladier, ancienne faïence de Nevers, décor polychrome.

106. 1 assiette, ancienne faïence de Nevers, décor polychrome
à l'oiseau.

107. 1 assiette, ancienne porcelaine de la Cie des Indes, décor
rouge rehaussé d'or.

108. 1 assiette, ancienne porcelaine du Japon, décor rouge et
bleu rehaussé d'or.

109. 1 assiette, ancienne porcelaine de la Chine, décor fleurs
et oiseaux.

110. 1 assiette, ancienne porcelaine, décor à barbeaux.

111. Très beau saladier, ancienne faïence des Islettes, décor
polychrome.

112. Bol, ancienne porcelaine de la Chine.

113. 1 assiette, ancienne faïence des Islettes, décor au coq.

114. 1 assiette, ancienne faïence de Nevers, décor polychrome
à la fabrique.

115. 1 assiette, ancienne faïence de **Nevers**, décor au coq.

116. 2 assiettes, ancienne faïence des Islettes, décor au coq et à l'oiseau.

117. 1 plat, ancienne faïence des Islettes, décor polychrome.

118. 1 plat, ancienne faïence de **Rouen**, décor polychrome, marque **MD**.

119. 1 plat, ancienne faïence de Rouen, décor à la corne.

120. Théière et tasse, porcelaine de la Chine, décor Canton (avec panier de la Chine).

121. 1 pot, ancienne faïence de Nevers, décor polychrome.

122. 1 assiette, porcelaine du Japon, décor polychrome rehaussé d'or.

123. 1 petit drageoir, ancienne faïence de **Strasbourg**, décor au chinois.

124. 3 assiettes, ancienne faïence de Sinceny, Nevers, Midi, décor polychrome au chinois, à l'oiseau, à la fleur.

125. 4 assiettes, ancienne faïence de Strasbourg, les Islettes, Midi. décor polychrome au chinois, à la fleur, etc.

126. 3 assiettes, ancienne faïence des Islettes, décor à la fleur de lys, aux oiseaux, etc.

127. 1 pot, ancienne faïence, décor bleu.

128. 1 bouteille et son socle, porcelaine de la Chine.

129. 1 drageoir, porcelaine du Japon, décor polychrome rehaussé d'or.

130. 5 assiettes en terre de pipe : scènes historiques.

131. 2 buires, décor en camaïeu bleu.

132 2 assiettes, ancienne faïence de Sinceny, décor fleurté,
      et de Nevers, décor au coq.

133. 2 assiettes, ancienne faïence de l'Est, décor fleurté et
      décor au coq.

134. 3 assiettes, ancienne faïence de Sinceny, Nevers, décor
      fleurté et décor à la guirlande.

135. 4 assiettes, ancienne faïence des Islettes, décor au panier,
      à la rose, à l'œillet.

136. 1 encrier, forme cœur, ancienne faïence de Rouen, décor
      polychrome.

137. 1 potiche et son couvercle, ancienne faïence de Nevers,
      décor bleu.

138. 1 pot Gallo-Romain (provenant des fouilles de Vennans).

139. 1 soupière, porcelaine blanche, avec anses ornementées.

140. 1 encrier, forme cœur, ancienne faïence de Rouen, décor
      polychrome.

141. 4 assiettes, ancienne faïence des Islettes, décor au panier,
      à la rose, à l'œillet.

142. 2 tasses, porcelaine de Saxe, marque « aux épées ».

143. 1 petit pot, décor polychrome.

144. 1 bénitier, décor polychrome.

145. 8 assiettes, ancienne faïence de Longwy, décor en relief
blanc sur blanc.

146. 4 assiettes, ancienne faïence de Tournay, Strasbourg,
Midi.

147. 1 soupière et son couvercle, ancienne faïence bretonne,
décor polychrome.

148. 1 saladier, ancienne faïence de Sinceny, décor polychrome.

149. 1 plat, décor polychrome.

150. 1 plat et 3 assiettes, ancienne faïence des Islettes, décor
polychrome à la fleur.

151. Plat ovale, ancienne faïence de Rouen, décor bleu.

152. Salière haute, ancienne faïence, décor bleu.

153. 1 grand plat ovale, à bords chantournés, ancienne faïence
de Rouen, décor bleu.

154. 1 petite assiette, porcelaine du Japon, décor polychrome.

155. 3 assiettes, ancienne faïence de Strasbourg, décor polychrome à la fleur.

156. 2 assiettes, ancienne faïence de Sinceny, décor polychrome à la fleur, aux oiseaux.

157. 1 saladier, ancienne faïence du Nord, décor polychrome.

158. 4 assiettes, ancienne faïence de Strasbourg et des Islettes, décor à la rose, à l'œillet, à la fleur de lys.

159. 3 assiettes, ancienne faïence de l'Est, décor à l'œillet, à la rose, à l'oiseau.

160. 3 assiettes, ancienne faïence du Nord, décor polychrome au panier avec **2** coqs, au combat d'oiseaux, etc.

161. 1 assiette, ancienne faïence de Longwy, décor polychrome à la fleur.

162. 1 encrier, forme cœur et 1 salière, ancienne faïence de Sinceny.

163. 3 assiettes, ancienne faïence de l'Est et du Nord, décor polychrome au coq et à l'oiseau.

164. 1 verre ancien.

165. 1 oiseau porcelaine, décor polychrome.

166. Sous ce numéro, seront vendues les faïences et porcelaines non cataloguées.

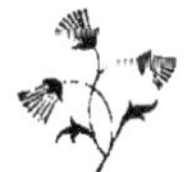

II. — CUIVRES ET ÉTAINS.

167. 1 paire de chandeliers bronze.

168. 1 paire de chandeliers bronze et porcelaine de Sèvres.

169. 4 chandeliers divers, époque de Louis XIII, Louis XVI, etc.

170. 1 paire de chandeliers cuivre, avec dessins.

171. 1 paire de chandeliers cuivre, époque de la Restauration.

172. 1 paire de chandeliers cuivre argenté, époque de la Restauration.

173. 1 paire de chandeliers cuivre, époque de Louis XIII.

174. 1 paire de chandeliers, époque de Louis XVI.

175. 1 paire de chandeliers, époque de l'Empire.

176. 2 casses en cuivre jaune.

177. 2 lampes juives.

178. 1 grande bassine, cuivre jaune martelé.

179. 1 bassinoire cuivre jaune, époque de Louis XIII.

180. 1 bassinoire cuivre rouge, époque de Louis XIII.

181.   1 bassinoire cuivre.

182.   1 pot étain avec couvercle.

183.   1 paire de pots étain, marque « A la Rose ».

184.   2 assiettes étain, époque de Louis XV.

185.   Sous ce numéro, seront vendus les cuivres et étains non
       catalogués.

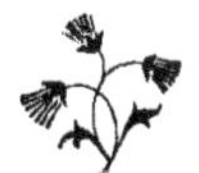

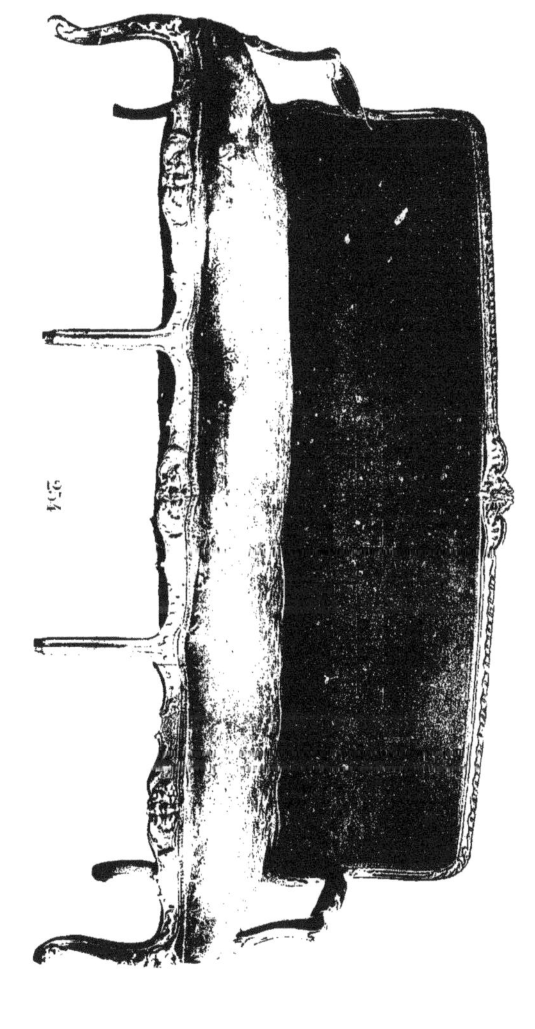

PHOTOTYPIE J. BIENAIMÉ, REIMS.
254

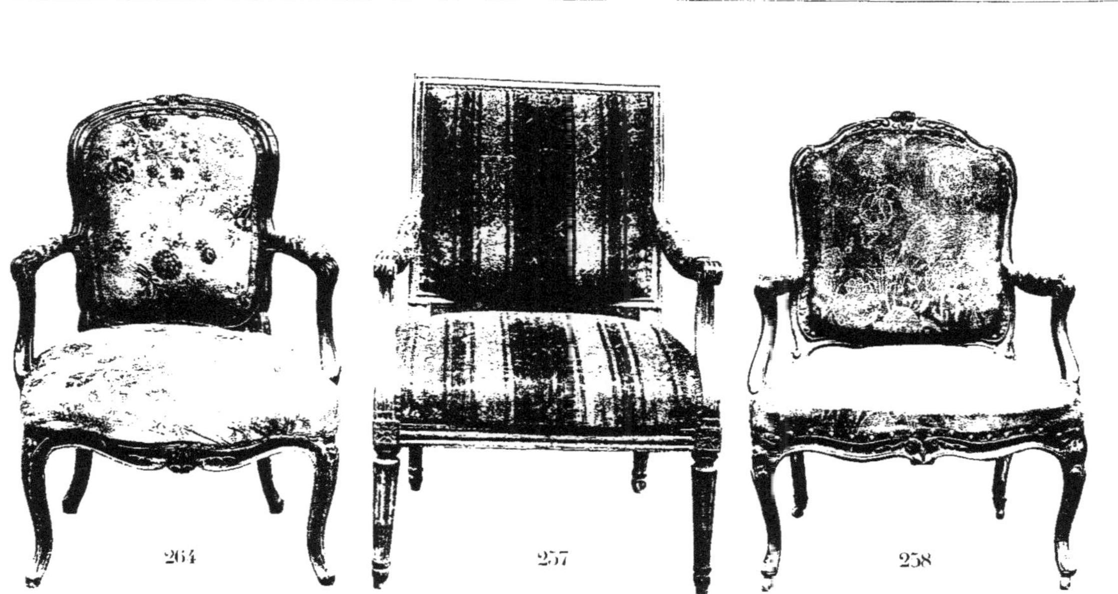

256
257
258
PHOTOTYPIE J. BIENAIMÉ, REIMS

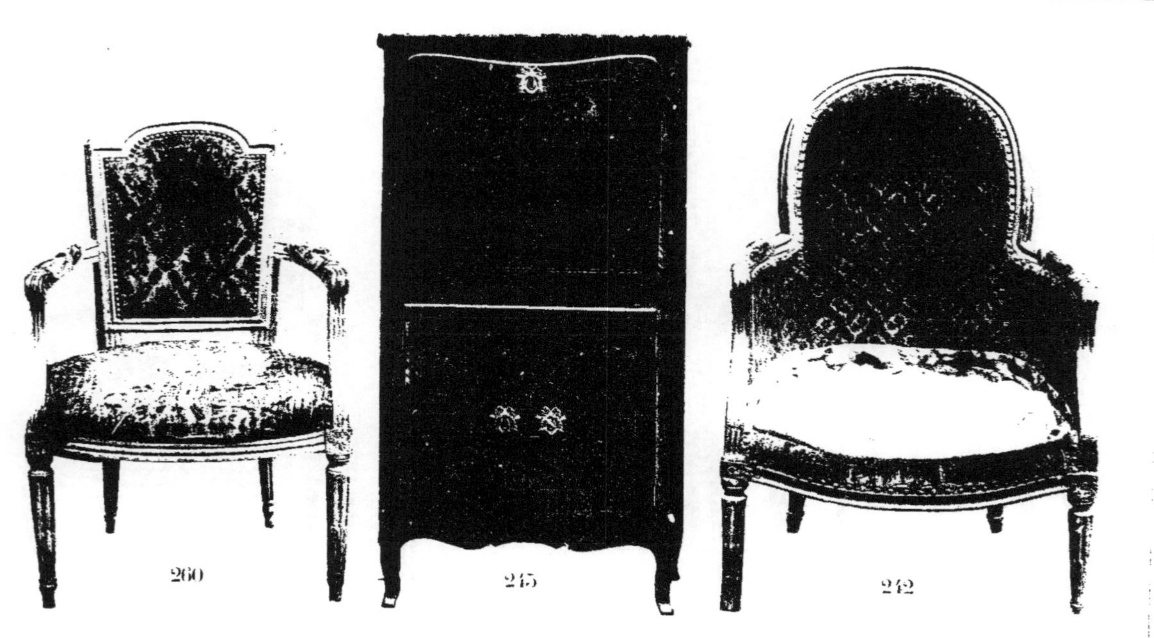
260
245
242
PHOTOTYPIE J BIENAMÉ, REIMS.

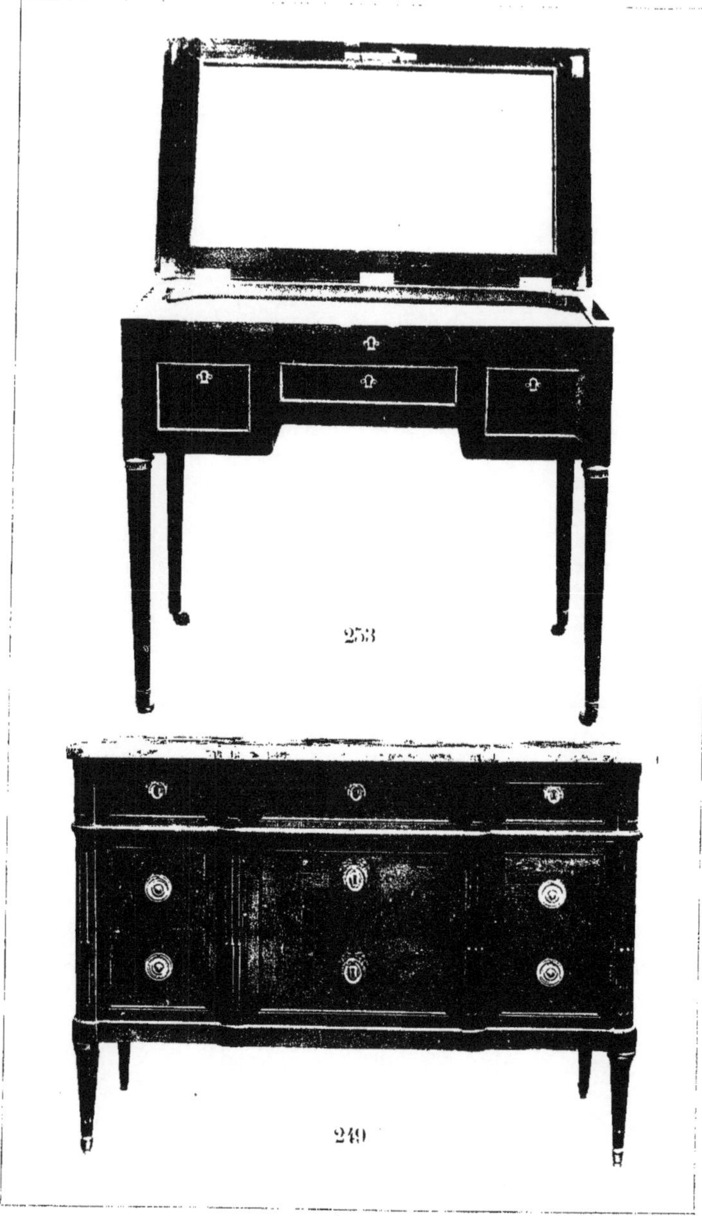

253
249

III. — DENTELLES, BRODERIES, TAPISSERIES.

186.   Coupons de Valenciennes, Malines, dentelles diverses.

186bis. 2 cols, dentelle de Bruxelles.

187.   Bonnet ancien, tulle brodé.

188.   Bonnet ancien, plumetis et Malines.

189   Bonnet ancien, plumetis et Valenciennes.

190.   Bonnet ancien avec grecque au plumetis et large Valen-
        ciennes.

191.   Bonnet ancien avec broderies à la main et Valenciennes.

192.   Voilette avec application de Malines.

193.   Mouchoir batiste avec plumetis et jours.

194.   Mouchoir soie orné de deux guirlandes de plumetis.

195.   Mouchoir batiste avec guirlande de plumetis et Valen-
        ciennes, papillon à l'angle.

196.   Mouchoir batiste festonné et brodé au point de chaînette.

197.   Guimpe ancienne, mousseline à petits plis, ornée de
        Malines.

198. Guimpe ancienne, plumetis et feston.

199. Guimpe ancienne brodée au point de feston.

200. 2 paires de poignets, broderies plumetis et feston.

201. 2 bandes mousseline, festonnées et ornées des 2 côtés
d'une guirlande plumetis et anglaise (long. totale :
1 mètre).

202. Fichu Marie-Antoinette, plumetis.

203. Paire de poignets, plumetis très fin.

203bis. Poupée ancienne.

203ter. Bourses anciennes perlées, avec anneau.

204. 5 châles divers.

205. Dossier et siège de fauteuil en tapisserie au point (époque
de Louis XIV).

206. Dessus de tabouret en tapisserie avec oiseaux au petit
point (époque de Louis XIV).

207. Morceaux divers de tapisserie (époques de Louis XIII,
Louis XIV, etc.)

208. Tapis d'église en vieil Aubusson.

209. Sous ce numéro seront vendues les dentelles, broderies et
tapisseries non cataloguées.

IV. — MEUBLES ANCIENS.

210.   Petite glace, époque de Louis XIV.

211.   Petite glace avec fronton, époque de Louis XIV.

212.   2 petits cadres, époque de Louis XVI.

213.   Lot de cadres anciens divers.

214.   Cadre, époque de Louis XIV.

215.   Cadre de glace avec fronton, époque de Louis XIV.

216.   Glace cadre acajou et filets cuivre, époque de Louis XVI.

217.   Cadre, époque de Louis XIV.

218.   Fauteuil acajou avec bras en forme de col de cygne,
        époque de Louis-Philippe.

219.   Lit, époque de Louis XVI.

220.   Baromètre, bois sculpté et doré, époque de Louis XVI.

221.   Fauteuil, époque du Directoire.

222.   Bahut chêne sculpté, 3 portes, époque de Louis XIV.

223.   **Grande horloge chêne sculpté, cadran signé
        Renard à Mouzon,** époque de Louis XIV.

224. Bureau à dos d'âne palissandre, époque de Louis XV.

225. Petite commode en chêne, ornée de jolis bronzes, dessus marbre Sainte-Anne.

226. Grande armoire chêne sculpté, 3 portes et 3 tiroirs, époque de Louis XIV.

227. 2 chaises avec dossiers en vieux cuir de Cordoue, époque de Louis XIII.

228. Petite pendule, époque de Louis XVI.

229. Coffre de mariage, chêne sculpté, époque de Louis XIII.

230. Fauteuil médaillon avec nœud au dossier et au siège, époque de Louis XVI.

231. 1 rouet.

232. Fauteuil bois sculpté, fleurs au dossier et au siège, époque de Louis XV.

233. Baromètre bois sculpté et doré, époque de Louis XVI.

234. **2 dessus de porte avec peintures**, époque de la fin de Louis XVI.

235. 1 rouet.

236. Fauteuil, époque de Louis XVI.

237. Commode acajou et filets cuivre, poignées retombantes, marbre Sainte-Anne, époque de Louis XVI,

238. **Bureau acajou et filets cuivre**, époque de Louis XVI.

239. Fauteuil, époque de Louis XIV.

240. Commode, chêne patiné, ornée de bronzes, époque de Louis XIV.

241. Coffre gothique polychromé.

242. **Bergère,** époque de Louis XVI.

243. **Bonheur du jour acajou et filets cuivre,** époque de Louis XVI.

244. **Garniture de cheminée marbre blanc et bronzes dorés** : pendule à colonnes signée : Orange à Versailles, et 2 candélabres : amours portant des torchères, époque de Louis XVI.

245. **Petit secrétaire, marqueterie bois des îles,** orné de bronzes, dessus marbre rouge royal, haut : 1 m. 25, largeur : 0 m. 63, époque de Louis XVI.

246. Très joli cabaret à liqueurs, avec 6 flacons cristal taillé et monture bronze ciselé, époque de l'empire.

247. **Pendule en marqueterie de cuivre sur écaille,** garnie de bronzes tels que : figurine de Chinois, char du soleil, cariatides et feuillages. Cadran signé : Rousseau à Orléans, hauteur totale : 0 m. 78, époque de Louis XIV.

248. **Petite commode galbée, marqueterie** bois des îles, ornée de bronzes, marbre Sainte-Anne, signée Landin, longueur 0 m. 97, hauteur : 0 m. 85, époque de Louis XV.

249. **Grande commode acajou**, avec avancement et
cannelures, ornée de bronzes, marbre Sainte-Anne,
long : 1 m. 30, hauteur : 0 m. 90, époque de
Louis XVI.

250. Grand cartel « Au Lion d'Argent », Filon à Paris, hauteur
totale : 1 m. 22, époque de Louis XV.

251. **Très jolie poudreuse**, marqueterie bois des îles
sur les 4 faces et à l'intérieur, ornée de bronzes,
époque de Louis XV.

252. **Grand canapé bois sculpté et peint** (peinture
de l'époque), signé E. Laplanche, époque de
Louis XVI.

253. **Toilette-Duchesse** acajou et filets cuivre, dessus
marbre blanc, époque de Louis XVI.

254. **Grand canapé**, bois sculpté et peint (peinture de l'époque), époque de Louis XIV.

255. **Commode, marqueterie palissandre**, estampillée
F g, ornée de bronzes signés I S, marbre rouge royal,
époque de Louis XIV.

256. **Secrétaire marqueterie**, bois de rose, orné de bronzes, marbre Sainte-Anne, époque de Louis XVI.

257. **Grand fauteuil à dos carré**, recouvert velours
d'Utrecht rayé bandes rouges et jaunes, peinture et
garniture anciennes, époque de Louis XVI.

258. **Fauteuil, époque de Louis XIV.**

259. **Petite commode, 3 tiroirs, marqueterie** bois de rose et encadrement de palissandre, ornée de bronzes, signée Fromageot, époque de la Transition.

260. **3 Fauteuils, époque de Louis XVI**, dont un signé P. F. Jean.

261. 2 fauteuils, époque du Directoire.

262. Baromètre, bois sculpté et doré, petit panier fleuri, époque de Louis XVI.

263. Petite pendule à colonnes, marbre blanc et bronzes dorés, époque de Louis XVI.

264. **Joli fauteuil de l'époque Louis XV**, avec roses au dossier et au siège. Signé Meunier. (Rare.)

265. **Chaise, époque de Louis XV**, signée Delannois.

266. Commode marqueterie, bois de rose, avec grecque sur le devant, marbre Sainte-Anne, époque de Louis XVI.

267. Fauteuil, fleurs au dossier et au siège, époque de Louis XV.

268. Petite pendule à colonnes, marbre blanc et noir et bronzes dorés, époque du Directoire.

269. Garniture de commode complète, bronzes tenant encore aux tiroirs.

270. Fauteuil, époque de Louis XIV.

271. Baromètre, bois sculpté, époque du Directoire.

272. Petite pendule, marbre blanc et bronze doré, époque fin Louis XVI.

273. Garniture de cheminée, époque de l'Empire.

274. Sous ce numéro seront vendus les meubles non catalogués.

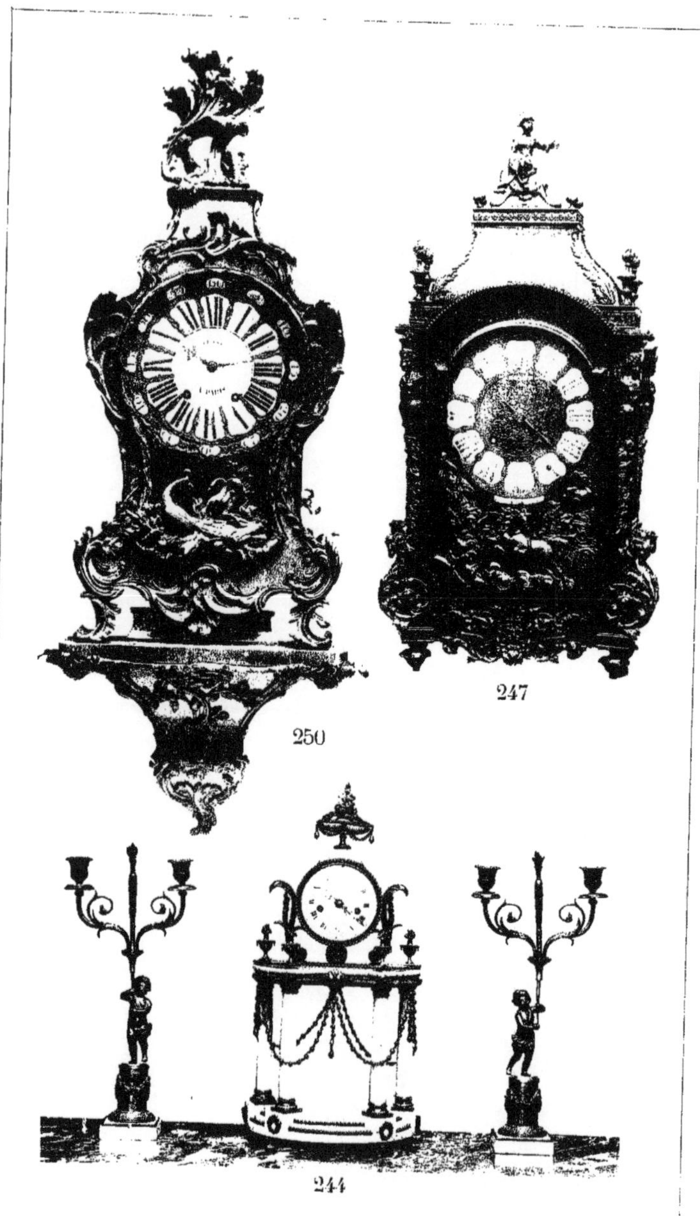

250
247
244

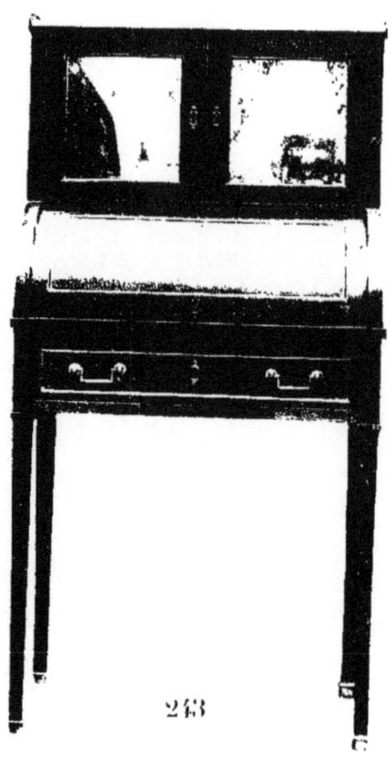

243

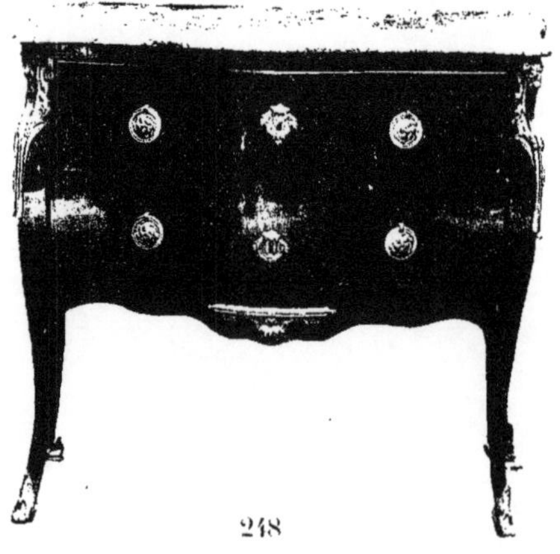

248

V. — BOIS SCULPTÉS.

275. Vierge bois sculpté.

276. 2 cadres italiens, bois sculpté à jours.

277. Christ bois sculpté avec croix ornée de palmettes.

278. Croix reliquaire.

279. 2 anges bois sculpté.

280. Vierge en bois.

281. Statuette ancienne bois sculpté.

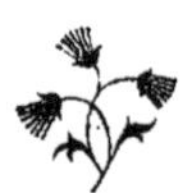

VI. — ARMES.

282.   Sabre poignée ébène.

283.   Épée, époque de la Révolution.

284.   Sabre de carabiniers, 1ᵉʳ Empire.

285.   **Très joli pistolet d'arçon à pierre,** bois sculpté avec garniture acier finement damasquiné et monture bronze ciselé.

286.   Petit pistolet à pierre, damasquiné.

287.   **Épée de cour poignée nacre,** époque du Second Empire.

288.   **Sabre recourbé,** monture bronze ciselé.

289.   3 poignards anciens.

290.   4 pistolets d'arçon.

291.   Sabres, baïonnettes et armes diverses.

VII. — IVOIRES, MINIATURES, ÉVENTAILS ET BIBELOTS DIVERS.

292. Portefeuille cuir de Cordoue.

293. Petit singe, pierre de lard.

294. Miniature sur ivoire : Femme lisant.

295. Miniature sur ivoire : Femme couchée.

296. Éventail, avec gouache, époque de Louis XVI.

297. 1 peigne ancien, en écaille.

298. Pelote à épingles en ivoire et petite table ivoire.

299. Miniature sur ivoire : Portrait de jeune femme.

300. Éventail, peinture sur soie, point de chaînette et paillettes, époque de Louis XVI.

301. Christ en ivoire dans un cadre italien.

302. Vierge ivoire.

303. Balance ancienne.

304. Miniature sur ivoire : Portrait de l'Impératrice Joséphine.

305.   Miniature sur nacre.

306.   Miniature sur cuivre.

307.   Petit sujet ivoire.

308.   Éventail, monture sculptée.

309.   Peigne ancien en écaille.

310.   Miniature sur ivoire : Portrait de jeune fille.

311.   Triptyque ivoire.

312.   Cachet ivoire.

313.   Tabatière, bois sculpté.

314.   4 éventails anciens, peints sur soie, sans monture (seront
       vendus séparément).

315.   Poire à poudre, ancienne, corne et cuivre.

316.   Miniature : Portrait de femme.

317.   Peigne écaille, époque de l'Empire.

318.   Portefeuille cuir, brodé fil d'argent.

319.   Porte-cigare écaille, avec écussons.

320.   Face à main écaille blonde.

---

321.   Monnaies anciennes, argent et bronze, jetons des prévôts.

VIII. — TABLEAUX, AQUARELLES, DESSINS, PASTELS GRAVURES & ESTAMPES.

322. Lot important de photogravures encadrées (sera divisé).

LION.

323. Paysage.

> Toile, 0.47 × 0.64, signée en bas à droite.

CHARLET.

324. Scène militaire.

> Toile, 0.21 × 0.26, signée à droite en bas.

RIBERA (attribué à)

325. La Vierge et l'Enfant Jésus.

> Bois, 0.59 × 0.45, cadre bois sculpté et doré.

GODDING.

326. Portrait de vieille femme.

> Toile, 0.47 × 0.33, signée en haut à droite.

327. La jeune fille à la tourterelle

> Toile, 0.42 × 0.54.

DEVILLY.

328. Faunes enfants.

> Bois, 0.33 × 0.48.

ECOLE ITALIENNE.

329. Saint Pierre reniant le Christ.

> Toile, 0.29 × 0.40.

BAUDEWYNS et BOUT.

330. Paysage avec personnages.

Bois, 0.24×0.35.

ECOLE FLAMANDE DU XVIIe SIÈCLE.

331. Paysage.

Bois, 0.28×0.36.

332. Paysage.

Bois, 0.30×0.40, signé en bas à droite.

Ed. WOUTERMAERTENS.

333. Vaches buvant à la mare.

Toile, 0.60×0.50.

L. VAN KUYCK.

334. Intérieur de ferme.

Bois, 0.37×0.29.

BRAEKELEER.

335. Intérieur.

Bois, 0 m. 21×0 m. 17.

Emile FAIVRE.

336. L'Armurier.

Toile, 0 m. 54×0 m. 64, signée en bas à droite.

337. Fleurs.

Toile, 0 m. 46×0 m. 54.

338. Paysage. (Moulins près de Metz.)

Toile, 0 m. 38×0 m. 45.

339. La vache de Cuyp.

Toile, 0 m. 40×0 m. 55.

J. DELORME.

340. La soubrette.

Bois, 0 m. 24×0 m. 19, signé en bas à gauche.

Huysmans (d'après).

341.   Moine priant.
>   Toile, 0 m. 64×0 m. 48.

E. Linnig.

342.   Marine.
>   Toile, 0 m. 50×0 m. 70, signée en bas à droite.

E. Blasset.

343.   2 paysages.
>   Toiles, 0 m. 80×0 m. 63, signées en bas à droite.

Émile Faivre.

344.   Aquarelle : les Hérons.

345.   Diverses aquarelles : fleurs, paysages, portraits.

Me Faivre.

346.   Aquarelles : fleurs

École française du XVIIIe Siècle

347.   2 portraits au pastel, cadres anciens.

Mlle Aillecourt.

348.   Les petits pâtres (pastel).

349.   Dessin au crayon noir : cheval dans une écurie.

350.   Dessin aux deux crayons : femme se couchant.

351.   Lot important de lithographies et estampes (sera divisé).

352.   Sous ce numéro seront vendus les tableaux et gravures
non catalogués.

IX. — OBJETS DES COLONIES.

353. Sagaies, boucliers, carquois, flèches et armes diverses
(Congo français).

354. Couteaux coupe-coupe, carcan cuivre, couperon ancien,
couteaux de torture, etc., etc. (Congo français).

355. Chapeaux chinois, ombrelles japonaises, masques japonais.

356. Pagnes en raphia (Congo français).

357. Tam-tam et instruments divers de musique (Congo français).

358. Pipe à eau, pipes à opium, baguettes pour manger le riz
(Chine).

359. Peaux de rat palmiste, de singe, carapaces de tortue,
(Congo français).

360. Chicottes, monnaies indigènes, bracelets. etc. (Congo
français).

361 Tentures malgaches (travail indigène).

362. Panneaux bois avec incrustations ivoire, pare-lumière et
croix bois de fer avec incrustations nacre, panneaux
brodés soie.

363. Sculptures japonaises, vases en cloisonné.

364. Sous ce numéro seront vendus les objets non catalogués.

Imprimerie coopérative de Reims, rue Pluche, 24. (87624)

EXPOSITION PARTICULIÈRE

Hôtel des Ventes, rue Salin, 9

Le **MERCREDI 16 AVRIL 1913**, de 1 h. 1/2 à 6 heures

DE

FAIENCES & PORCELAINES, CUIVRES & ÉTAINS
DENTELLES & BRODERIES

MEUBLES ANCIENS

IVOIRES, MINIATURES, ÉVENTAILS, BIBELOTS
: : : ARMES : : :
TABLEAUX, DESSINS, GRAVURES, ESTAMPES
OBJETS DES COLONIES

87688

9 782329 510941